UNE RÉSURRECTION.

LYON.

IMPRIMERIE ET LITHOGRAPHIE DE Ve AYNÉ,

grande rue Mercière, 44.

JEAN-CLAUDE ROMAND,

de Montréal (Ain).

UNE
RÉSURRECTION

A JEAN-CLAUDE ROMAND

FORÇAT LIBÉRÉ RÉHABILITÉ,

Par

M. Edouard SERVAN DE SUGNY,

Suivie de

MON BAPTÊME CIVIL

PAR ROMAND LUI-MÊME,

ET DE TROIS PIÈCES RELATIVES A CETTE RÉHABILITATION.

AVEC UN PORTRAIT DE ROMAND.

Voce magnâ clamavit (Jesus) : Lazare,
veni foras.
Et statim prodiit qui fuerat mortuus.
JOAN., cap. XI.

PARIS

AU COMPTOIR DES IMPRIMEURS-UNIS,
quai Malaquais, 15.

LYON

CHEZ LES PRINCIPAUX LIBRAIRES.

1847.

Avant-Propos.

Si la vie a bien des amertumes , elle a aussi ses consolations et ses joies.

Tandis que la violence et l'injustice s'acharnaient contre moi et cherchaient, ce qui leur a trop bien réussi, à briser ma carrière magistrale, je travaillais de tout mon pouvoir à faire rendre l'honneur et l'exercice des droits civils à un infortuné qui , jadis coupable, avait racheté ses fautes par un repentir vrai et une conduite exemplaire. Mais, le protecteur tombé, il semblait que le protégé dût n'avoir plus rien à attendre de lui. Je voulus, moi, qu'il en fût autrement, et, loin d'abandonner l'œuvre commencée, je m'y attachai avec d'autant plus d'ardeur que je sentais davantage mon insuffisance actuelle-

Je fis appel aux sentiments généreux , je frappai à
la porte des cœurs sensibles, je secouai les belles
âmes qui sommeillaient, et enfin, un succès aussi
complet et aussi rapide qu'il était inespéré, vint
couronner mes efforts. L'avis favorable de la Cour
royale de Lyon (honneur à elle!) fut suivi du rapport non moins favorable de M. le garde-des-sceaux
au Roi, et le 9 février 1847, Sa Majesté, après avoir
fait ce que tous les rois devraient faire, c'est-à-dire
après avoir lu de ses yeux les pièces du dossier qui
lui était soumis, signa *des deux mains* les lettres-
patentes portant réhabilitation de Jean-Claude
Romand, le forçat libéré de Montréal.

Cette heureuse issue de mes démarches me fut
bien douce, je dois le dire, et versa un baume
réparateur sur mes blessures. Ainsi, en cessant
d'être l'homme des vengeances légales, je suis
devenu un ministre volontaire de miséricorde. N'ai-
je pas gagné au change?

Parmi les personnes qui m'ont prêté appui pour
l'accomplissement de cette bonne œuvre, je dois
mentionner avec reconnaissance mon compatriote
dauphinois, M. Teste-Lebeau, chef de bureau au
ministère de la justice, qui a contribué par sa
légitime influence à faire réussir une affaire qui me
tenait tant au cœur. Je l'en remercie avec effusion ,

et sa conscience doit lui avoir déjà rendu, pour cela, bon témoignage à lui-même.

Je me hâtai de communiquer à Romand la grande nouvelle que je venais de recevoir; il était juste en effet que le principal intéressé, celui qui m'avait précédemment écrit : *Je sens trop que je mourrais d'une illusion rentrée;* il était juste et naturel, dis-je, que cet homme et sa femme fussent instruits avant le public d'un événement qui les touchait de si près. La réponse suivante, que je demande la permission de transcrire ici, ne se fit pas attendre :

Montréal, le 16 février 1847.

Mon cher et digne protecteur,

Par vous je vois se réaliser mon vœu le plus ardent, par vous le bonheur rentre dans ma famille, par vous je reviens à la vie, à l'honneur; par vous je vois s'élargir mon horizon et le cercle de mes relations sociales; que ne vous dois-je pas pour tant de choses ! Notre langue n'est pas assez riche en expressions et je suis trop ignorant pour rendre fidèlement tout ce que mon cœur éprouve de reconnaissance, et ma femme se joint à moi pour vous témoigner toute la joie qu'elle ressent, comme aussi pour vous remercier avec moi, tant pour nous-mêmes qu'au nom de nos enfants, qui un jour sentiront tout ce qu'ils vous doivent, et qui seront instruits à vous bénir. Croyez que vous n'aurez jamais regret de m'avoir sauvé.

Oui, votre lettre est venue apporter la jubilation dans ma famille; on s'est tous embrassé; votre lettre est le commencemen

du bonheur. Aussi m'a-t-elle inspiré une pensée : Pour consa-
crer deux époques bien heureuses dans ma vie, j'ai fait confec-
tionner un cadre fermé sous verre, qui doit contenir, d'un côté
la couronne de mariage de ma femme, et de l'autre votre missive ;
au bas se lira cette inscription : « *Avec la couronne, le
bonheur domestique entra chez moi ; la lettre m'annonça
le retour du bonheur social. — 1er mai 1839. — 14 février 1847.* »

Daignez agréer, etc.

ROMAND.

Cette lettre alla directement à son adresse, c'est-
à-dire à mon cœur, et, saisissant aussitôt la plume,
je griffonnai les vers suivants, sur lesquels j'appelle
l'indulgence de la critique en faveur du motif qui
qui me les a dictés.

Romand à son tour célébra, mais en prose seulement, la bonne fortune qui lui arrivait, et ce
petit écrit qu'il m'a communiqué, je le joins à
mon épître dont il formera en quelque sorte le
complément. Je publie aussi quelques pièces
officielles concernant sa réhabilitation.

UNE RÉSURRECTION.

Il est donc vrai, Romand! la clémence du trône
Des plus précieux droits t'a fait la riche aumône;
Au forçat éclipsé succède un citoyen,
Et l'honneur t'est rendu!... L'honneur, c'est un grand bien,
Ami; c'est le premier des biens de cette terre:
Celui qui l'a perdu doit rougir et se taire,
Ou plutôt, comme toi, s'armant du repentir,
Il doit de l'infamie au plus vite sortir,
Répudier le crime, et, lavant sa souillure,
Reconquérir son rang de roi de la nature.
Car quiconque à dessein se fait auteur du mal,
Descend jusqu'au niveau du plus vil animal:
C'est un ours en furie, un tigre, une panthère...
Si ces monstres eux-même en voulaient pour leur frère!

Mais des hommes tombés dans le dernier mépris,

Combien d'un tel trésor reconnaissent le prix ?

Combien du bagne même ont ressenti l'outrage?

Bien peu, tu nous l'as dit, Romand, dans cet ouvrage (1)

Où tu nous présentas, Alighieri nouveau,

De l'enfer de Toulon l'effroyable tableau.

Et toi-même occupas cette géhenne immonde,

Tu l'occupas cinq ans, loin du jour et du monde !

Mais, parmi ces damnés hôte mystérieux,

Seul, tu gardais encor l'étincelle des cieux.

Non pourtant que ton cœur fût pur de toute fange,

Non qu'en toi résidât l'innocence de l'ange,

Et que ton lot de peine à tort te fût échu :

Tu t'étais par ta faute également déchu.

L'ardente politique avait creusé l'abîme

Où te poussa la faim, conseillère du crime.

Mais pour te rétablir tu fis de grands efforts ;

Tu te purifias au feu de tes remords,

Tu livras au mépris ta vie et ta personne....

C'est assez, lève-toi ; ton prince te pardonne.

(1) La *Confession d'un Malheureux.* Voyez surtout les chapitres **XXIV**
et **XXV** où sont retracées les mœurs du bagne de Toulon.

Avant ce beau jour même, une imposante voix
Moralement déjà t'avait rendu tes droits.
C'est celle qui jadis, dans la France égarée,
Retentit pour le Christ, magnifique, inspirée ;
Celle qui réveilla la Grèce et l'Orient ;
La grande voix, enfin, du vieux Châteaubriand !
En ta faveur, Romand, elle s'est fait entendre :
« Pour prix de ses travaux tout ce qu'il ose attendre,
C'est d'avoir pu, par eux, produire quelque bien,
Et tu l'en as, dit-il, récompensé trop bien.
Tout près d'aller à Dieu qui vers lui le rappelle,
Tu viens de lui prêter une force nouvelle ;
Tu l'aides à mourir ; il t'est reconnaissant (1). »
O vous qui me lisez, dites, l'homme innocent

(1) J'ai cherché à rendre ici le sens de la lettre que M. le vicomte de Châteaubriand daigna écrire à Romand, en retour de l'envoi qu'il lui avait fait de sa *Confession*. Sans doute j'ai bien affaibli ces belles paroles ; mais il était difficile, je crois, de les traduire en vers avec leur beauté native. Les phrases de l'illustre auteur sont comme ces armures des paladins du moyen-âge que nul autre qu'eux-mêmes ne pouvait convenablement revêtir.

Voici, du reste, la teneur de cette lettre, si honorable dans sa brièveté pour celui auquel elle a été adressée :

« Paris, le 9 février 1846.

« Je suis sensiblement touché, Monsieur, de la lettre que vous m'avez fait l'honneur de m'écrire. Le peu de bien que j'ai fait est la seule récompense que j'aie jamais ambitionnée. Vous m'avez trop bien récompensé

Mérita-t-il jamais une gloire semblable?
Tel est donc le pouvoir du remords véritable,
Qu'il vaille au criminel, tout meurtri de ses fers,
L'accueil d'un écrivain qu'honore l'univers!

Si je n'approche pas de celui que je nomme,
Je t'ai du moins tendu la main de l'honnête homme,
Romand, et, tu le sais, avant que les regards
Fussent sur ta personne ouverts de toutes parts,
Je t'avais distingué de tes tristes confrères,
Bandits que tous les ans vomissent les galères,
Qui, rentrés dans le monde, en deviennent l'effroi.
Chez moi je te reçus, je t'allai voir chez toi.
Bien plus; te souvient-il de ce jour mémorable
Où dans une forêt immense, formidable,
Comme un de tes amis, j'accompagnai tes pas?
Tu m'avais dit : « Venez, ne me refusez pas ;

de mes travaux. Je me prépare à aller à Dieu, et je recueille avec reconnaissance tout ce qui peut me donner un peu de force pour mourir. »

« Chateaubriand. »

Il n'est pas hors de propos de faire remarquer que c'est un an, jour pour jour, à compter de la date de cette lettre, que Romand a obtenu la restitution de son titre et de ses droits de citoyen. La bienveillance du génie porte bonheur.

Je veux vous faire asseoir sur la roche sauvage

Où, lorsque je rentrai du bagne en mon village,

J'allai cacher ma honte et pleurer mes malheurs.

Là coule une fontaine agréable aux chasseurs,

Qu'on nomme *des Oiseaux*, car leur troupe charmante

Souvent y vient calmer la soif qui la tourmente.

Venez, je guiderai vos pas dans la forêt. »

— « A vous suivre, Romand, vous me voyez tout prêt, »

Répliquai-je aussitôt. Et l'aurore prochaine

Nous surprit gravissant une abrupte moraine

Dont les feux du Lion, qui ruisselaient sur nous,

En rubis à nos yeux transformaient les cailloux ;

La sueur de nos fronts coulait à grosses gouttes.

Enfin nous atteignons les ténébreuses voûtes

Que forment des sapins les bras entrelacés.

Salut, muet témoin de tant d'âges passés !

M'écriai-je ; forêt, dont l'ombre inspiratrice

Conseille la vertu, fait détester le vice ;

Salut ! Vis-tu jamais ce qu'aujourd'hui tu vois,

Deux hommes à tes pieds cheminant, l'un, des lois

Interprète et vengeur ; l'autre, frappé par elles ?

Ils viennent échanger sous tes arches si belles

Les inspirations écloses dans leur cœur

Aux cris du repentir, aux accents de l'honneur.

J'ai dit ; puis nous marchons, et nous marchons encore.

L'air était frais et pur, et la forêt sonore,

Orgue de la nature, à tous les vents ouvert,

Sur nos têtes formait un sublime concert.

Nous passons près d'un gouffre où , si l'oreille écoute ,

Sous terre elle entend sourdre et tomber goutte à goutte

Une eau, qu'on dit former un invisible bain

Où de jeunes beautés folâtrent au matin (1).

Enfin , nous découvrons la fameuse fontaine.

Un oiseau justement occupait son domaine ;

(1) Cette cavité , qu'on nomme *le Puits* et qui a deux mètres environ de profondeur, offre un phénomène des plus intéressants.En y descendant, comme je l'ai fait moi-même, on entend le bruit dont il est question dans ces vers , et l'on juge par là qu'il doit exister sous la montagne un lac d'une assez grande étendue, au sujet duquel les imaginations locales se sont donné carrière. J'ai adopté celle des versions populaires qui m'a paru la plus poétiquement gracieuse, en prévenant le lecteur que les *jeunes beautés* dont je parle ne sont autres que des fées. Qui chercherait à les surprendre au milieu de leurs ébats serait, je crois, aussi sévèrement châtié , bien que d'une manière différente , que le fut autrefois le malheureux Actéon.

Au reste, ce n'est pas la seule curiosité naturelle qui se rencontre dans la forêt de Montréal, une des plus belles et des plus riches du Bugey. Car on y remarque en outre nombre de grottes et d'anfractuosités d'un aspect et d'une configuration très pittoresques , et quelques sites ravissants. J'ai visité tout cela , mais ce qui m'a le plus charmé de la forêt, c'est cette *Fontaine des Oiseaux,* au bord de laquelle eut lieu le déjeûner

C'était un beau pinson qui, d'un bec diligent,

Ramenait sur son dos une nappe d'argent;

Il semblait tout joyeux de nous voir apparaître.

Pour aimer notre espèce il faut la peu connaître,

Pauvre oiseau! fuis bien vite à l'aspect des humains :

La rage est dans leur cœur, le sang est sur leurs mains.

Mais que vois-je? Une femme à la noire prunelle

Assise dans ces lieux, une enfant auprès d'elle!

Qu'est cela?... Je comprends; pour enchanter mes yeux,

Mon guide prépara ce tableau gracieux;

Cette femme est la sienne, et cette enfant sa fille :

Tant mieux; j'aimai toujours les fêtes de famille.

Au lieu le plus désert de ce désert profond,

Sous d'énormes sapins échelonnés en rond,

Jaillit dans un bassin taillé par la nature

Une onde cristalline au séduisant murmure.

De frais tapis de mousse en couronnent les bords;

Tout auprès sont gisants des rocs, des arbres morts.

---

champêtre dont je parle et qui laissera une trace ineffaçable dans mes
souvenirs. Rien de plus frais, de plus solitaire et de plus agréable en effet;
elle m'a rappelé ces vers d'Ovide, dans les *Métamorphoses :*

Fons erat illimis, nitidis argenteus undis, etc.

(Lib. III, v. 407-12.)

Là , nous nous asseyons ; puis , d'une ample corbeille

Sont tirés l'aloyau , la cerise vermeille ,

Du lait pur, un flacon de vin de Condrieux ;

Et chacun prend sa part de ce festin des Dieux....

C'en était un pour moi , car , dans le fond de l'âme ,

Je jouissais de voir cet homme , cette femme ,

Cette enfant, dont la honte avait courbé le front ,

Se croire à mon contact lavés de leur affront ,

Et près de cette source , ainsi qu'au Jourdain même ,

Attendre de mes mains comme un nouveau baptême (1).

Voilà ce que je fis , Romand , mais c'était peu ;

Car toujours subsistait, écrit en traits de feu ,

Ton arrêt infamant ; et toujours la police

Pouvait venir chez toi (2) , jalouse observatrice ,

Détruire ce bonheur ennemi du grand jour,

Qui n'est fait que de paix , de mystère et d'amour,

Ce bonheur appelé le bonheur domestique.

Si parfois près du seuil de ton logis rustique

(1) Tous les détails qu'on vient de lire sont de la plus exacte vérité. C'est le 24 juillet 1845 , qu'eut lieu cette partie de montagne ; j'étais encore alors procureur du Roi.

(2) « Les coupables condamnés aux travaux forcés à temps.... seront de plein droit, après qu'ils auront subi leur peine , et pendant toute la vie , sous la surveillance de la haute police. » (Code pénal, art. 47.)

D'aventure passait un gendarme, soudain

Chacun te soupçonnait d'avoir encore eu faim.

Si loin de ton village une affaire pressante

T'appelait, de la Loi la bouche menaçante

Te disait : « De trois jours tu ne pourras partir,

Et du but de ta course il faudra m'avertir (1). »

Ainsi qu'aux Parias, race aux Indes maudite,

Toute grande cité te restait interdite (2).

Le juge eût mal agi recevant ton serment (3).

Ton nom eût vicié contrat ou testament (4).

Veuve de son époux, vainement une mère

T'eût voulu pour tuteur à son enfant sans père,

Tu ne pouvais pas l'être (5); et l'urne d'un scrutin

Se fermait devant toi (6).... Tu n'étais rien enfin,

De tout droit social t'était ravi l'usage (7).

Pour qui sent, pour qui pense, ah! quel comble d'outrage!

(1) ... « Il (le libéré en surveillance) ne pourra changer de résidence sans avoir indiqué, trois jours à l'avance, au maire de sa commune, le lieu où il se propose d'aller habiter. » (Id., art. 44).

(2) « L'effet du renvoi sous la surveillance de la haute police sera de donner au gouvernement le droit de déterminer certains lieux dans lesquels il sera interdit au condamné de paraître après qu'il aura subi sa peine. » (Id., id.) Un règlement particulier interdit aux libérés le séjour de Paris, Lyon, Rouen, Bordeaux et autres grandes villes.

(3, 4, 5, 6 et 7) « La condamnation à la peine des travaux forcés à

Le Ciel, pour moi sévère, a daigné cependant,

Couronnant mes efforts, te rendre indépendant.

Ce Roi, dont tu voulus mettre le trône en poudre,

Touché de tes remords, a désarmé sa foudre,

Que dis-je? il t'a refait hôte de la cité.

Ainsi, Lazare étant au sépulcre jeté,

Marthe, qui vit Jésus, courut à sa rencontre :

« Sauvez mon frère ! » Et lui :« Sors, Lazare, et te montre !»

Cria-t-il. Aussitôt, secouant son linceul,

Il embrassa les siens, ce mort qui dormait seul ;

Et, cadavre naguère, objet d'horreur profonde,

Il revécut sa vie, il fut utile au monde.

temps..., emportera la dégradation civique. — La dégradation civique consiste : Dans l'incapacité de déposer en justice autrement que pour y donner de simples renseignements ;... d'être employé comme témoin dans des actes ;... d'être tuteur, curateur, subrogé-tuteur ou conseil judiciaire ;... dans la privation du droit de vote, d'élection, d'éligibilité, et en général de tous les droits civiques et politiques. (Id., art. 28 et 34).

MON BAPTÊME CIVIL,

PAR J.-C. ROMAND.

Quand une nouvelle carrière, toute de bonheur moral, s'ouvre devant moi, je dois me féliciter intérieurement d'être rentré dans la bonne voie après m'être égaré; je dois m'applaudir d'avoir, par un franc retour sur moi-même, conquis les suffrages des hommes honorables qui m'ont prêté leur appui pour obtenir de la magistrature et du gouvernement la faveur signalée qui vient de m'être dévolue.

Une réhabilitation du genre de la mienne (1) est un fait rare, exceptionnel même, il faut le dire, et je croirais laisser une lacune dans ma vie si je ne la célébrais, autant du moins que mes faibles

---

(1) Il y a effectivement la réhabilitation en matière commerciale, qui peut s'obtenir par les faillis en désintéressant leurs créanciers. On conçoit qu'elle doit avoir lieu assez fréquemment. Mais la grande, la véritable réhabilitation, celle enfin dont Romand a été l'objet, descend bien rarement du trône, et avec raison; car on compte si peu de sincères repentirs !

(Note de l'Éditeur.)

facultés me le permettent.... On ne peut se le dissimuler, la nature du cœur humain est telle : on aime à comparer une vie de tempêtes avec une existence calme et paisible , résultat inévitable de l'abjuration des erreurs et de la pratique des vertus sociales et religieuses. Heureux qui cède à la voix d'en haut : « Venez à moi, vous tous qui êtes dans la peine, et je vous soulagerai. » (Math. II.) Je m'applaudis de n'y être pas resté sourd.

Le passage de l'homme sur cette terre est semé de beaucoup d'écueils ; avec un peu de sagesse et de discernement , on pourrait les éviter : on se trouve si bien de suivre le droit chemin ! Mais quand la tête est volcanisée, on ne pense nullement aux conséquences d'une conduite mauvaise, désordonnée ; c'est quand l'âge et la réflexion viennent calmer les passions , c'est alors que pour l'être dont le cœur n'est pas entièrement gangrené, commence l'horrible supplice de Tantale : il se voit au milieu des jouissances pures du monde, et il ne peut les goûter, car il y a dans son sein un ver rongeur qui le dévore sans cesse ; il se sent voué au mépris, il est l'opprobre de la société ; plus de repos pour lui !.... Si cependant il éprouve de sincères remords, si, à force de repentir et de bonne conduite , il parvient à faire oublier son passé , à réacquérir l'estime de ses compatriotes, oh ! alors nulle joie n'est égale à la sienne.... Je me trompe, il lui manque encore quelque chose que la puissance souveraine seule peut lui restituer, son droit de cité. Je l'ai maintenant.

Il existe donc un homme de plus dans la grande famille humaine ! Bien des pensées, bien des regards, après s'être portés vers la décision royale qu'il espérait, convergent actuellement vers lui ; il est devenu l'objet des sympathies générales, après l'avoir premièrement été de sympathies particulières. On attendait avec anxiété, pour l'exemple d'abord, et pour cet homme ensuite, la réalisation d'un vœu de cette loi de miséricorde jetée comme un rameau d'olivier à la fin d'un livre qui, partout ailleurs, ne parle que de rigueurs et de peines (1). Ce vœu s'est accompli à son profit. La chrysalide n'est pas plus contente que lui quand les premiers rayons du soleil la raniment, et qu'un zéphyr matinal la transporte, sous une autre forme, dans les régions embaumées de l'air.

Oui, je viens de nouveau m'asseoir au grand banquet de la vie, au milieu des convives de l'univers dont j'avais été exclu, et je n'ai plus à incliner ma tête sur ma poitrine, à détourner mes regards quand d'autres yeux rencontrent les miens. Si quelqu'un se préoccupe encore de moi, ce ne sera plus, comme par le passé, une curiosité compagne du mépris qui le dirigera, mais le bienveillant désir de connaître l'ancien coupable qui a eu la force de se régénérer dans les eaux de la pénitence. Chacun dira à cet homme : « Viens, tu es digne de notre pardon, et ta place est désormais marquée parmi nous..... » L'amitié aussi, ce sentiment sublime, descendu du ciel sur la terre pour doubler la joie des heureux et consoler les infortunés dans leurs peines, l'amitié le dédommagera de ses longues souffrances ; elle lui sourira doucement, en signe de réconciliation.

Je vois dès à présent s'éclaircir l'horizon de ma vie ; je voguerai à l'avenir sur une onde tranquille et exempte d'orages. Je ne ressemblerai plus à ce navigateur des mers du Groënland, dont je lisais l'histoire à une des dernières veillées, et qui partout enveloppé d'une brume épaisse, ne savait ni où il était ni

---

(1) Le chapitre du *Code d'instruction criminelle* traitant de la *Réhabilitation des condamnés*. (Liv. ii, tit. vii, art. 619 et suiv.)

où il devait aborder et qui finit par voir sombrer son navire. Du moins aujourd'hui, j'aperçois distinctement le port où doit s'abriter ma barque à demi brisée par la tempête, ou plutôt j'y suis déjà entré et je n'en sortirai plus.

O mes enfants ! j'avais perdu mon titre de citoyen , j'étais devenu infâme pour toujours, et la honte du bagne devait rejaillir sur vos innocentes têtes. Que Dieu soit béni ! la clémence royale est descendue sur moi pour s'étendre jusqu'à vous ; elle a purifié mon nom des souillures que je lui avais imprimées, et ce baptême civil , en régénérant le nom obscur que je vous laisserai , rend, par cela même , mon existence nouvelle doublement paisible et heureuse.

Une question, qui se lie à celle de ma réhabilitation , m'amène à parler d'une chose que la modestie devrait peut-être me faire taire ; que l'on veuille m'excuser. Je vois avec un œil de satisfaction qu'il y a unanimité de sentiments sur les révélations que j'ai faites dans ma *Confession* au sujet des bagnes et des prisons ordinaires. Oui, tout le monde s'est ému des vices que j'ai signalés, des plaies hideuses que j'ai fait toucher au doigt dans notre mode actuel d'emprisonnement , et si mon humble plume peut être de quelque utilité secondaire pour la réforme, qui se prépare , du système pénitentiaire en France, je me croirai *trop bien récompensé de mes travaux* (1)..... Que l'on me pardonne

(1) M. Bérenger (de la Drôme), rapporteur à la Chambre des pairs du projet de loi sur la réforme des prisons , à qui j'avais transmis un exemplaire de la *Confession d'un Malheureux*, a eu la bonté de me faire répondre que cet ouvrage lui paraissait devoir fournir des arguments nouveaux en faveur de la loi en discussion. Ainsi le souhait de Romand se trouve déjà réalisé.

(Note de l'Editeur).

de me faire l'application personnelle d'une phrase de la lettre si flatteuse qu'a daigné m'adresser l'immortel auteur du *Génie du Christianisme*.

Quel est le condamné, auquel il reste une étincelle de bons sentiments, qui ne cherchera pas, par une conduite meilleure, à mériter la position dont je jouis? Posons en fait que la plupart de ces malheureux ne savent pas ce que c'est qu'une réhabilitation. Que le retentissement de la mienne les en instruise dans les prisons, dans les maisons de réclusion, dans les bagnes même, tant que subsisteront ces hideux établissements ; que cet événement ait de l'écho partout et indique aux condamnés la route qu'ils ont à suivre pour rentrer dans le chemin de l'honneur et recouvrer leurs droits perdus.

D'après le grand acte qui s'est accompli en ma faveur, je me considère comme engagé à remplir tous mes devoirs de bon et honnête citoyen, encore plus religieusement peut-être que je ne l'ai fait jusqu'à ce jour ; car, si j'ai eu l'insigne avantage d'être réhabilité, après avoir fait exception à la règle commune, je veux aussi que ma conduite soit exceptionnelle ; je veux que l'on dise de moi : « Il y a eu justice dans la grâce qui lui a été faite, et il y aurait injustice à ne pas reconnaître qu'il s'en ressouvient et s'en rend de plus en plus digne. »

Je veux, enfin, par ma modestie et ma circonspection, me faire pardonner mon bonheur actuel par ceux qui pourraient avoir le triste courage de me le reprocher ; car je suis persuadé que, dans ma situation, il y a convenance à courber son front devant la majesté de l'opinion publique, même par trop sévère, même injuste.

Un mot encore et je termine.

Les instruments de ma félicité sont : d'abord, M. Servan, le

Sugny, ancien procureur du Roi à Nantua , et que la foudre a frappé par suite de l'habitude où elle est de se prendre à ce qui est élevé (1); ensuite, par ordre de dates, le maire et les membres du conseil municipal de Montréal, ainsi que tous les hommes honorables qui ont attesté mon retour aux bons principes ; puis, les magistrats composant la chambre criminelle de la Cour royale de Lyon, qui, sur les conclusions conformes de M. de Marnas, substitut du procureur-général, ont émis un avis favorable à ma demande ; après eux, M. le garde-des-sceaux , qui a bien voulu conclure pour moi dans son rapport au Roi sur cette affaire ; enfin S. M. Louis-Philippe, qui, lecture attentivement faite de toutes les pièces du dossier, a daigné revêtir de sa royale signature les lettres-patentes qui m'ont rendu le plus fortuné de tous les hommes.

Que chacun de ces bienfaiteurs reçoive ici l'hommage profondément senti de ma reconnaissance, en me permettant toutefois d'en remercier davantage encore Celui qui, après avoir souffert que je m'égarasse , a voulu que je devinsse repentant de mes fautes et ami de la vertu!

---

(1) Merci, mon bon Romand , de ce mot trop flatteur pour moi et que j'accepte seulement comme la vive expression des sentiments de votre cœur. Il y a de par le monde beaucoup d'hommes pour lesquels j'ai fait presque autant que pour vous et qui ne m'ont payé que d'ingratitude ; mais il est vrai que ceux-là n'ont pas été au bagne et que la société les appelle des honnêtes gens.

(Note de l'Editeur.)

SUPPLIQUE DE ROMAND

A LA COUR ROYALE DE LYON.

MESSIEURS,

Je soussigné Jean-Claude ROMAND, tailleur d'habits, né et domicilié à Montréal, canton et arrondissement de Nantua, département de l'Ain, ai l'honneur de vous exposer très-respectueusement ce qui suit :

Livré de bonne heure à moi-même, j'ai eu le malheur de m'abandonner aux mouvements d'une imagination aussi ardente que peu réglée, et de mettre en oubli les sages leçons que m'avaient prodiguées, à mon début dans la vie, mes bons parents et le vénérable pasteur de mon village. De là sont nées mes fautes et mes infortunes.

Brûlant de sortir de mon humble sphère, où j'aurais pu être heureux comme tant d'autres hommes de ma classe, je me lançai dans le tourbillon des grandes villes, où mille écueils cachés attendaient ma jeune inexpérience. Les plaisirs m'égarèrent d'abord, mais bientôt ce fut l'ambition qui m'éloigna du droit chemin ; elle exalta mes sens au point de soustraire mon esprit à l'empire de la raison et de lui faire adopter les plus dangereuses chimères comme d'utiles réalités. C'est ainsi que j'osai m'attribuer le rôle de réformateur de la société, au sein de laquelle la Providence m'avait assigné une si petite place, et, simple garçon tailleur, aborder une entreprise où tant de grands philosophes ont échoué.

Mais aussi qu'elle fut rude pour moi la peine de cette témérité !

Les doctrines subversives que je me mis à professer ouvertement effrayèrent tous les gens sages et tranquilles, dont l'appui m'était si nécessaire pour le soutien de mon existence ; ils évitèrent avec soin ma rencontre, et le vide se fit sentir peu à peu autour de moi. Je n'eus plus pour entourage que des hommes de désordre et de révolution, mais ceux-là ne donnent ni travail, ni pain. J'eus faim et je volai !....

Une fois la borne du devoir franchie, on marche toujours en avant, et c'est ce qui m'arriva.

L'émeute et la guerre civile grondaient à Lyon ; elles trouvèrent dans l'homme qui venait de se faire voleur malgré lui un champion déterminé, et cela devait être, puisqu'elles devenaient sa dernière ressource. Oh ! qu'il est triste d'être réduit par sa faute à une position telle, qu'on ne puisse espérer de vivre qu'en répandant le sang de ses semblables !

J'en versai trop, hélas ! dans cette funeste insurrection, et ce souvenir, non moins que celui de mon vol, pèsera éternellement sur ma conscience.

Ce qui allége pourtant le poids de mes remords, c'est que je n'ai point échappé aux peines que la société réserve à ceux qui enfreignent ses saintes lois ; et, bien que mon châtiment n'ait point été aussi sévère qu'il aurait pu l'être, il n'a pas laissé de constituer pour moi un commencement d'expiation.

En effet, par arrêt de la Cour d'assises du Rhône, en date du 23 novembre 1832, je fus condamné à cinq ans de travaux forcés, pour le vol que j'avais commis. Précédemment, la Cour d'assises de Riom m'avait infligé la peine de deux années d'emprisonnement pour la part que j'avais prise dans l'insurrection lyonnaise. Mais, d'après la loi, la plus forte peine a absorbé la plus faible, et je n'ai subi que la première.

J'ai donc connu l'existence des bagnes.

Le bagne, Messieurs, c'est un cloaque immonde, c'est le tombeau de l'homme moral, c'est un enfer terrestre. Et je l'ai habité cinq ans !... Jugez quelle douleur à dû être la mienne, puisque je n'avais pas abjuré tout sentiment d'honneur et de délicatesse !

Depuis huit années que je suis rentré dans le modeste asile de mes pères, j'aurais pu y goûter un reste de bonheur, s'il m'eût été possible de m'isoler entièrement de mon passé ; car j'ai trouvé une compagne douce et bonne, qui m'a donné de jolis enfants, dont je suis aimé autant que je les aime ; mais quelles jouissances ne sont empoisonnées par de mauvais souvenirs !

Il est une chose toutefois qui m'oppresse davantage encore, c'est l'idée que je laisserai un nom flétri, déshonoré, aux êtres qui me doivent le jour. Si au moins ce nom dépouillait aux yeux des hommes une partie des souillures qui le couvrent ; s'il devenait évident pour tout le monde, comme il l'est pour les personnes qui m'approchent, que ma nature a changé sous l'influence d'un repentir sincère, dont l'expression a été rendue publique, et que la vertu a repris son empire sur mon cœur ; si, en un mot, j'étais officiellement rétabli dans mes droits et ma dignité de citoyen, alors mon front abattu pourrait se redresser et mon âme se rouvrir à la joie, qui semble la fuir pour toujours.

Ce bonheur si grand, vous pouvez, Messieurs, contribuer à me le procurer : la loi vous en offre les moyens.

Le chapitre IV du titre VII du livre II du Code d'instruction criminelle règle le mode de procéder devant les Cours royales de la part des condamnés à une peine afflictive ou infamante, ayant subi leur peine, à l'effet d'obtenir leur réhabilitation ; il détermine les conditions à remplir pour arriver à ce but. Je crois avoir satisfait à ces conditions et au-delà, ainsi qu'il vous sera facile de vous en convaincre à la vue des pièces ci-jointes.

J'ose donc vous supplier, Messieurs, de vouloir bien émettre un avis favorable à ma demande, afin que la clémence royale puisse descendre sur moi. Je vous en garderai une éternelle reconnaissance.

Dans cette attente, j'ai l'honneur d'être, avec un profond respect,

MESSIEURS,

Votre très-humble et très-obéissant serviteur ;

Signé ROMAND.

Montréal, le 19 mai 1846.

Délibération de la Cour royale de Lyon.

Aujourd'hui neuf décembre mil huit cent quarante-six ,

La chambre des mises en accusation de la Cour royale de Lyon , réunie dans la chambre du conseil , et composée de Messieurs le marquis de Belbeuf, pair de France , premier président , officier de l'ordre royal de la Légion-d'Honneur ; Rieussec, président , chevalier du même ordre ; Bréghot du Lut , Quinson et Badin , chevalier dudit ordre , conseillers ; Monsieur Quinson appelé pour compléter en remplacement de Monsieur Verne de Bachelard , empêché pour cause de maladie , assistés du sieur Simonet, commis greffier assermenté ;

A entendu le rapport fait par Monsieur de Marnas , substitut de Monsieur le procureur général , sur la demande en réhabilitation formée par le nommé Jean-Claude Romand , âgé de quarante-cinq ans , tailleur d'habits , né et domicilié à Montréal, canton et arrondissement de Nantua (Ain).

Après lecture faite par le greffier de la requête et des pièces produites à l'appui , Monsieur le substitut a déposé sur le bureau des conclusions écrites et motivées , signées de lui , tendantes à ce qu'il plaise à la Cour émettre un avis favorable à la demande du nommé Romand.

Après en avoir délibéré ,

Ouï Monsieur de Marnas , substitut de Monsieur le procureur général ;

Vu les articles six cent dix-neuf à six cent trente-quatre du Code d'instruction criminelle ;

Vu la requête présentée par Jean-Claude Romand et les pièces produites à l'appui de sa demande en réhabilitation ;

Considérant que , depuis l'époque à laquelle remonte la libération dudit Romand, celui-ci est revenu habiter la commune de Montréal, son pays natal ;

Qu'il s'y est fait remarquer par une conduite irréprochable, et que les sentiments manifestés par lui à diverses reprises ont donné à ceux qui l'ont connu la certitude de son complet retour à des idées d'ordre, de moralité et d'honneur ;

Considérant que toutes les formalités prescrites par les articles six cent dix-neuf et suivants du Code d'instruction criminelle ont été observées ;

La Cour estime que la demande en réhabilitation de Jean-Claude Romand peut être admise ; ordonne, en conséquence, qu'expédition du présent avis et les pièces produites à l'appui de la demande seront, à la diligence de Monsieur le procureur général, et dans le plus bref délai, adressées à Monsieur le Garde des sceaux, Ministre de la justice.

Fait et prononcé en la Cour royale, à Lyon, les jour, mois et an que dessus, et ont Messieurs les premier président, président et conseillers signé ainsi que le greffier.

Signé à la minute : Marquis DE BELBEUF, RIEUSSEC, BRÉGHOT DU LUT, QUINSON, BADIN et SIMONET, commis greffier.

Pour expédition conforme délivrée à Monsieur le procureur général.

Pour le greffier en chef de la Cour,

Signé SIMONET.

LETTRES-PATENTES

DE RÉHABILITATION.

LOUIS PHILIPPE, ROI DES FRANÇAIS,

A TOUS PRÉSENTS ET A VENIR , SALUT.

A nos Présidents et Conseillers composant la Cour royale de Lyon.

Nous avons reçu l'humble supplique du nommé Romand (Jean-Claude), âgé de 46 ans , tailleur d'habits , né et demeurant à Montréal , arrondissement de Nantua , lequel après avoir subi la peine de cinq années de travaux forcés , prononcée contre lui le 23 novembre 1832 , par la Cour d'assises du Rhône , pour crime de complicité de vol qualifié , sollicite des lettres de réhabilitation.

A ces causes, d'après l'avis favorable émis dans votre délibération, ainsi conçue :

(Suit le texte de la délibération).

Et sur le rapport de notre Garde des sceaux , ministre secrétaire d'Etat au département de la justice, à nous présenté le neuf février mil huit cent quarante-sept ꞉

Nous avons réhabilité et réhabilitons ledit Romand (Jean-Claude) dans tous les droits dont il a été privé par l'effet de la condamnation susdite.

Mandons et ordonnons que les présentes lettres de réhabilitation soient présentées en audience publique par notre procureur général près la Cour royale de Lyon , et qu'elles soient aussitôt, à sa réquisition et diligence, transcrites sur les registres de ladite Cour et en marge de l'arrêt de condamnation.

Fait au palais des Tuileries, le neuf février mil huit cent quarante-sept.

Signé LOUIS-PHILIPPE.

Par le Roi :

Le Ministre Secrétaire d'Etat des travaux publics, chargé de l'intérim du ministère de la justice ,

Signé S. DUMON.

(Ici le grand sceau de l'État).

Les présentes lettres de réhabilitation ont été transcrites sur la minute de l'arrêt de condamnation, conformément à l'art. 632 du Code d'instruction criminelle.

Le Greffier en chef de la Cour royale de Lyon ,

Signé BONJOUR.

FIN.

TABLE.

9 782019 642754